L'Abbé TURQUIN

Chanoine honoraire de Soissons
ancien Aumônier de la Croix de Saint-Quentin

NOTICE BIOGRAPHIQUE

Suivie du récit de ses funérailles, de son éloge funèbre
d'extraits de lettres de condoléance
et d'une pièce de poésie sur sa mort

*Dédiée à sa Famille, à ses Amis, au Clergé du diocèse
et à la communauté de la Croix*

Par M. L'Abbé POQUET

Chanoine honoraire de Soissons, Curé-Doyen de Berry-au-Bac
Correspondant du Ministère, Historiographe du diocèse

Non obliviscaris amici tui in animo tuo.
N'oubliez pas votre ami dans votre cœur.

OMNIA PRO PATRIA & LIBERTATE

EN VENTE

A CHAUNY, au Bureau de la SEMAINE RELIGIEUSE
et chez tous les Libraires du département.

L'Abbé TURQUIN

Chanoine honoraire de Soissons
ancien Aumônier de la Croix de Saint-Quentin

NOTICE BIOGRAPHIQUE

Suivie du récit de ses funérailles, de son éloge funèbre
d'extraits de lettres de condoléance
et d'une pièce de poésie sur sa mort

*Dédiée à sa Famille, à ses Amis, au Clergé du diocèse
et à la communauté de la Croix*

Par M. L'Abbé POQUET

Chanoine honoraire de Soissons, Curé-Doyen de Berry-au-Bac
Correspondant du Ministère, Historiographe du diocèse

---***---

Non obliviscaris amici tui in animo tuo.
N'oubliez pas votre ami dans votre cœur.

OMNIA PRO PATRIA & LIBERTATE

EN VENTE

A CHAUNY, au Bureau de la SEMAINE RELIGIEUSE
et chez tous les Libraires du département.

NOTICE BIOGRAPHIQUE

DE

L'Abbé TURQUIN

Chanoine honoraire de Soissons, ancien aumônier de la Croix de Saint-Quentin.

....

> *Non obliviscaris amici tui in animo tuo.*
> Conservez dans votre cœur le souvenir de votre ami. Eccles. XXXVII. 6.

Mes chers Amis,

Permettez à un vieil ami et à un compatriote du digne abbé Turquin de publier, dans notre *Semaine Religieuse,* non pas un éloge, sa modestie s'en offenserait ; mais une rapide esquisse qui fixera les grandes lignes d'une vie si bien remplie et si honorable pour la religion comme pour notre clergé diocésain. J'ai à peine besoin d'ajouter qu'en rappelant tout le bien que je sais du vénérable défunt, je trouverai non seulement un adoucissement à la douleur que me cause une perte aussi sensible ; mais encore le moyen de m'acquitter d'une dette sacrée, en payant un juste tribut de regrets à sa douce mémoire. Car sans vouloir comparer notre liaison d'enfance et nos rapports d'intimité à ceux des Basile et des Grégoire, ces incomparables modèles, je puis dire que notre amitié s'inspirait des mêmes motifs, et que ces motifs lui ont assuré la même fidélité et la même persévérance. C'est là ce qui me donne le droit de vous parler à cœur ouvert de ce cher condisciple et de vous faire connaître les qualités qui en ont fait un prêtre selon le cœur de Dieu et l'un de nos confrères les plus distingués. Il me suffira pour cela de le suivre dans les principales phases de sa vie si pure, si limpide pour y voir avec vous une des plus belles âmes que nous ayons connue.

I. — François-Louis Turquin est né en 1812, à Chalandry, canton de Crécy-sur-Serre, d'une honorable famille de cultivateurs. Il entrait dans ce monde, ne précédant que de quelques heures une sœur jumelle qui lui fut doublement chère par une communauté d'origine et par un dévouement qui ne s'est jamais démenti. Car ces deux existences si bien faites pour s'entendre sont toujours restées étroitement unies, elles se sont écoulées sous le même toit. La mort seule vient de les séparer.

Dès sa plus tendre enfance le jeune Turquin annonça ce qu'il serait un jour. Comme toutes les natures privilégiées, il présageait pour ainsi dire son avenir, on pourrait dire sa sainteté future. Pour lui ces indices révélateurs furent une pure et naïve innocence, une candeur angélique, un caractère bienveillant, sympathique et aimable qu'il a conservé toute sa vie, au point que, dès son bas âge, il méritait le glorieux surnom de *Mon Prince* dont le qualifiaient quelques personnes, amies de sa famille ; appellation charmante qui désignait à leurs yeux un enfant aux sentiments élevés, aux habitudes déjà régulières et sages, joignant aux qualités affables de son âge les dispositions heureuses qui le distinguaient de ses petits camarades.

II. — Et en effet ces qualités naturelles le signalèrent bientôt à l'attention du pasteur de la Paroisse, jaloux de procurer des élèves à nos séminaires, ces précieuses pépinières où le sacerdoce, qui se recrute généralement dans nos campagnes, va puiser, avec les sciences divines et humaines, les vertus qui font les apôtres et les bons prêtres. Chalandry avait alors comme curé un de ces hommes dont le souvenir est resté vivant après 50 ans de deuil. Or ce prêtre, remarquable à plus d'un titre, qui gouvernait cette commune, avec cette sagesse et cette autorité que donnent l'expérience et les talents, n'hésita pas, au milieu des occupations si nombreuses que réclamaient en ce temps-là un ministère absorbant, de s'entourer de quelques enfants choisis parmi les familles chrétiennes de sa paroisse, heureux de les initier aux premiers éléments de la langue latine, et de préparer des vocations à l'état ecclésiastique.

Ces nouveaux Samuëls étaient six et, parmi eux, un plus jeune enfant, le Benjamin de ses frères par ses manières gracieuses, son franc sourire, sa piété sincère, ses mœurs pures. C'était François-Louis Turquin. Or, il arriva qu'après dix-huit mois d'étude dans ce presbytère rural, transformé tout à coup en école apostolique, cinq de ces élèves partirent à destination de nos séminaires diocésains ; les uns pour Soissons où se faisait alors la quatrième ; les autres pour Liesse où ils entraient en classe de septième. Le jeune Turquin était du nombre de ces derniers et il avouait ingénument que ses débuts dans cet établissement l'avaient passablement découragé, et, qu'un jour, à la persuasion de condisciples plus âgés que lui, il avait pris furtivement la direction de son village, au risque de se perdre en route, en errant à l'aventure dans un pays qu'il ne connaissait pas, et en se hasardant dans des sentiers que la faiblesse de sa vue ne lui permettait pas de suivre en toute sécurité. Plus tard il montrait en riant les chemins assez étranges où il s'était témérairement engagé pour regagner la maison paternelle.

III. — Mais le séjour du fugitif y fut de courte durée, M. Brihaye, son ancien maître, informé d'une escapade qui n'avait rien d'étonnant pour son âge et dont les motifs peu sérieux furent bien vite expliqués, fit reconduire le jeune évadé avec un passeport en bonne forme; en sorte que sa rentrée au séminaire ne souffrit aucune difficulté ; car son absence avait été à peine soupçonnée ainsi que son infraction à la règle. Toutefois l'épreuve avait eu son bon côté. A partir de ce jour, le jeune Turquin, radicalement guéri d'un moment de nostalgie, se montra un élève studieux, doublé d'un jeune homme à la piété douce et communicative. Puis, comme s'il eût aperçu dès lors le but sublime vers lequel il devait désormais s'acheminer en silence et progressivement, on put constater chaque année les heureux résultats que la religion et l'étude produisaient dans cette âme candide, abreuvée aux sources de la grâce et de la science sacrée.

IV. — Pourtant malgré 12 années consécutives et préparatoires passées dans nos séminaires, au milieu des saintes observances d'une vie régulière et de bons exemples, ces grands soutiens de l'innocence chrétienne, l'abbé Turquin ne vit pas sans appréhension approcher ce sacerdoce vers lequel il se sentait porté par ses gouts et une vocation bien affermie. Mais, comme toutes les natures généreuses, quoique défiantes d'elles-mêmes, il s'avança plein de confiance dans le secours d'en haut qui fait toute la force du prêtre; car il savait que, dans ce difficile gouvernement des âmes, il ne serait que le coadjuteur et le vicaire de celui qui l'envoyait travailler à la rédemption des hommes sauvés par son sang.

V. — Le voici donc prêtre et appelé, ce semble, à l'administration d'une paroisse. Toutefois ses premiers pas dans la carrière ecclésiastique ne furent pas dirigés vers les fonctions curiales. Ses supérieurs, forts de son aptitude à enseigner et de la sagesse de sa conduite, jugèrent à propos de lui confier une chaire de quatrième au séminaire de Laon, malgré sa jeunesse et surtout un air juvénile qu'il a d'ailleurs conservé jusqu'à la fin. On sait tout ce qu'a de relevé et de difficile la mission d'un professeur en général, et quelles qualités multiples elle réclame. Qui dit professeur, dénonce un homme exemplaire et instruit, capable d'éclairer les intelligences et de former les cœurs à tout ce qui est bon, honnête et chaste comme dit l'apôtre. Ici, les connaissances humaines si étendues qu'on les suppose ne suffisent pas, il faut avant tout au maître l'amour de la vertu et tout le dévouement nécessaire pour y conduire ceux qui lui sont confiés.

Or, on connaît avec quel zèle et quelle ardeur l'abbé Turquin sut instruire ses élèves et les porter à l'observance de leurs devoirs. Malgré une infirmité native qui lui rendait la lecture et surtout la surveillance d'une classe assez pénible, il ne nous est pas revenu qu'aucun de ses disciples ait jamais profité de sa myopie pour enfreindre ses ordres ou s'amuser aux dépens de la discipline et du bon ordre. Tant il est vrai que l'abbé Turquin avait toujours su se faire respecter et aimer de ses élèves tout en les faisant travailler assidûment!

VI. — Après quelques années d'un laborieux professorat, sa santé se trouvant affaiblie et même compromise, l'abbé Turquin fut envoyé à Voyenne, une des plus intéressantes paroisses du canton de Marle, pour y exercer le saint ministère et y reprendre des forces dont il avait si grand besoin. Là, au sein d'une population bienveillante et religieuse, le jeune curé put couler des jours tranquilles qui contribuèrent puissamment à rétablir sa santé. C'est en y faisant modestement le bien, en remplissant avec une scrupuleuse exactitude tous les devoirs d'un bon pasteur qu'il se montra véritablement curé, sachant se faire aimer de ses paroissiens et les attirer à lui par la douceur de ses procédés et l'affabilité de ses manières. Aussi, de son temps, comme aujourd'hui d'ailleurs, la religion fut-elle en honneur, les offices suivis et les sacrements fréquentés dans cette bonne population.

Ce fut là que, pendant 9 ans, de 1840 à 1849, ses paroissiens purent apprécier son dévouement, ses qualités pastorales, la solidité de ses instructions, son amour pour son église et surtout son affection, on pourrait dire sa tendresse pour ses ouailles auxquelles il ne savait rien refuser, témoin les difficultés que lui occasionnait le desservice d'Autremencourt dont il était chargé en même temps que de Voyenne. On devine tout ce que dut avoir de pénible la desserte de cette annexe quand, dans la mauvaise saison, par des chemins boueux et presque impraticables, il lui fallait franchir la distance qui sépare ces deux communes. Cependant, soit que ce trajet se fît à pied, ce qui arrivait le plus ordinairement, soit que ce fût à l'aide d'une modeste monture, le courageux pasteur ne marchandait ni ses pas ni ses démarches ni même sa santé, au risque de courir les plus grands dangers. Mais ces fatigues et ces peines avaient leur compensation dans le bien que faisait le prêtre. Aussi, pour le dédommager, le Seigneur le mit en présence d'une de ces âmes d'élite qui font honneur à ceux dont la mission est de développer leurs heureuses dispositions.

Ce fut, on le sait, dans la solitude du presbytère de Voyenne que le jeune curé eut le bonheur de préparer à la première communion Arsène Sallandre, ancien élève de l'institution Saint-Charles de Chauny, moissonné à la fleur de l'âge et parti pour le ciel en laissant, après lui, un parfum de sainteté qu'on respire encore, aujourd'hui, dans la modeste église de Colligis où repose sa dépouille mortelle. Ce sera toujours une gloire pour l'abbé Turquin d'avoir donné les soins de son ministère a ce digne enfant, et d'avoir ainsi largement contribué à la sanctification de cet élu du Seigneur.

Bien que la vie de l'abbé Turquin, vie pleine de sacrifices et de dévouement, s'écoulât obscurément et dans l'isolement d'une campagne où elle était peu en vue, elle fut néanmoins remarquée par l'Évêque du diocèse qui crut voir dans ce prêtre, mûri par l'âge et l'expérience, un homme appelé à remplir des fonctions délicates. On songea à lui confier la direction spirituelle d'une nombreuse communauté religieuse à laquelle se trouvait annexé un important pensionnat.

VII. — Au mois d'octobre 1849, le curé de Voyenne devenait donc aumônier de la Croix de Saint-Quentin, c'est-à-dire d'un de nos grands et splendides couvents en pleine activité de service, semblables à ceux que Paschase Radbert, un de nos illustres écrivains soissonnais, comparait, de son temps, à une ruche qui bourdonne et travaille sans cesse à composer un miel délicieux et succulent. Eh bien c'est là, dans ce laboratoire incessant et peu connu du monde, qu'on vît l'abbé Turquin à l'œuvre, pendant 25 ans, presque une vie de prêtre, comme on l'a dit, occupé à diriger, dans les voies du salut, des âmes d'élite et à former à la pratique des vertus chrétiennes, sociales et domestiques, une foule de jeunes personnes dont la vocation est de gouverner une maison, d'élever une famille et de conserver dans le monde les grands principes de conduite et de vertu qu'on leur aura inculqués pendant leur séjour au pensionnat. Qui pourrait dire tout le bien qui s'est accompli, en silence et sans bruit, sous cette paternelle direction? Mais, en disparaissant, Elie n'a pas eu à chercher bien loin l'Elisée, digne de recueillir son héritage.

Telle fut en effet la fidélité de l'abbé Turquin à ses devoirs journaliers qu'on le vit écrire toutes ses instructions, aussi bien celles qu'il destinait aux jeunes pensionnaires que celles qui s'adressaient plus spécialement aux religieuses, et cela tant que ses yeux et ses infirmités le lui permirent. Mais nous devons dire aussi que, tout en travaillant à la perfection des autres, il était loin d'oublier la sienne. Car non content d'être assidu à l'oraison quotidienne il la préparait souvent par écrit et il ne la terminait pas sans prendre, chaque fois, quelque résolution pratique dans le genre de celles-ci : « Vivre si bien qu'on puisse « être amené à Jésus-Christ par mon exemple. La vie cachée de Notre Sei- « gneur doit m'apprendre à éviter, dans mes paroles, dans mes actions, tout « ce qui ne serait pas conforme à cette vie cachée de Notre Seigneur. Je dois « être persuadé que le bien ne se fait qu'autant que nous nous laissons con- « duire par cette vraie humilité qui nous fait un devoir de nous produire ou « de nous tenir cachés selon que nous en tirerons plus de profit pour la gloire « de Dieu et le salut des âmes. »

VIII. — C'est à l'aide de telles maximes que l'esprit intérieur se fortifie et grandit en face des épreuves. Aussi, quand l'heure des infirmités précoces qui l'obligèrent à prendre sa retraite, sonna et que ce vaillant athlète du Christ se vit aux prises avec un affaiblissement successif qui ne lui permettait plus de remplir ses fonctions comme à l'ordinaire, on ne put qu'admirer l'humilité de ce prêtre édifiant et courageux qui, en quittant la Croix, résolut de consacrer le peu de force qui lui restait à l'œuvre des petits enfants, ces bénis et ces privilégiés du divin Maître. Il les instruisait, les confessait avec une bonté et une patience à toute épreuve. Et c'était par centaines que chaque année il disposait ces jeunes plantes à la fructification,, en déposant dans leurs cœurs les graces et les bénédictions du ciel. Les bons frères des écoles chrétiennes, les sœurs de la Charité savent ce que furent son zèle et son abnégation dans ce modeste ministère si conforme à ses goûts, à sa bonté naturelle et à son grand amour pour Dieu.

*
* *

Enfin, vaincu par une impuissance qui s'aggravait chaque jour, l'abbé Turquin dut encore renoncer à cette dernière consolation et se condamner à un repos absolu. Mais toujours grand et généreux dans ses sacrifices d'immolation, il se résigna, avec une soumission exemplaire, à la volonté de Dieu. C'est alors qu'il vint résider dans ce village de Chalandry qu'il avait tant aimé et dont il ne parlait qu'avec un accent de tendresse, comme d'un lieu qui lui était resté cher. Il lui semblait sans doute que les douleurs et la mort même lui seraient plus faciles à supporter si elles venaient le frapper près du berceau qui l'avait vu naître, au milieu des souvenirs d'enfance qui ne l'avaient jamais quitté. C'est que le berceau et la tombe, ces deux extrémités de la vie humaine, ont entre eux une connexion touchante qu'on n'aperçoit pas toujours, mais qui n'en est pas moins réelle.

C'est donc en face de son horizon natal et dans la maison de ses pères que ce bon prêtre, épuisé par de longues épreuves et par des infirmités toujours croissantes, acheva de purifier sa belle âme en se préparant à chaque instant au suprême sacrifice. « Je pense toujours à la mort », répétait-il, à son digne neveu et à son excellente sœur qui lui prodiguaient tous les soins qu'exigeait sa triste position et veillaient nuit et jour auprès de sa couche. C'est dans cette salutaire et pieuse pensée qu'après une pénible agonie il s'est endormi dans le Seigneur. Ainsi meurt le juste. *Sic moritur justus.*

Nous ne redirons pas la solennité de ses funérailles qui furent célébrées à Chalandry, le jeudi 18 mars 1880, en présence d'une foule de parents, d'amis et de 27 ecclésiastiques venus de différents points du diocèse, parmi lesquels on remarquait plusieurs doyens et dignitaires du Chapitre de Soissons, qui avaient tenu à honneur de rendre à leur estimable et regretté confrère les derniers devoirs de l'amitié.

Aujourd'hui donc que l'abbé Turquin repose dans le cimetière de sa paroisse bien aimée, près de ses aïeux, et du prêtre vénéré qui a guidé ses premiers pas vers le sacerdoce, à l'ombre de cette magnifique église qu'il ne se lassait pas de louer et qui est une perle architecturale de notre époque, il ne nous reste à nous, ses amis, qu'une chose à faire : prier pour lui et imiter les vertus qui lui ont mérité une mort précieuse devant Dieu. *Pretiosa in conspectu Domini mors sanctorum ejus.*

L'abbé POQUET,
Chanoine honoraire, Curé-Doyen de Berry-au-Bac.

LES FUNÉRAILLES DE L'ABBÉ TURQUIN.

Notre saint ami venait donc de rendre sa belle âme à Dieu dans sa pieuse retraite de Chalandry, entouré des soins les plus affectueux. La mort était venue à lui non pour le surprendre, mais pleine d'espérance, comme une bienfaisante libératrice. Elle l'enlevait dans la 68ᵉ année de son âge, étant né en 1812.

La *Semaine Religieuse* du diocèse et le *Conservateur de l'Aisne*, en annonçant la perte de ce vénérable prêtre disaient, avec raison, qu'il laissait après lui un parfum de bien touchante édification. Ils auraient pu ajouter : une vie tout entière de sainteté et des souvenirs précieux et ineffaçables laissés à sa famille et à ses nombreux amis.

Mais ces deux organes de publicité religieuse ont dignement réparé cette omission, en rendant compte de ses funérailles qui ont eu lieu le jeudi suivant. Ils ont parlé de mon regretté compatriote et de ses obsèques en termes si vrais que nous ne pouvons résister au plaisir de reproduire les articles qu'ils ont publiés à ce sujet.

Voici comment le *Conservateur*, dans son numéro du Dimanche 21 Mars, s'exprimait :

« Les funérailles du vénérable abbé Turquin ont eu lieu jeudi, à Chalandry, ainsi que nous l'avons annoncé. Vingt-sept prêtres assistaient à cette imposante et touchante cérémonie, présidée par M. le doyen de Crécy-sur-Serre.

« Nous avons remarqué parmi eux M. le chanoine Péronne, MM. les abbés Poquet, de Berry-en-Bac ; Catillion, de Saint-Germain-Villeneuve ; Cochet, de l'hôpital de Soissons ; M. le doyen de Vermand, M. le supérieur de Saint-Charles, et un des professeurs de cet établissement, M. l'abbé Leroy, et M. le curé de Saint-Eloi de Saint-Quentin.

« Nous avons vu là, aussi avec plaisir d'anciens vicaires de la Collégiale ; MM. les abbés Poindron, de Saint-Gobain, et Viéville, de la Bouteille, ainsi que M. le curé de Lesdins et un jeune prêtre Saint-Quentinois, M. l'abbé Lanoue.

« Avant l'absoute, M. l'abbé Blat a payé un bien légitime tribut d'éloges au saint et regretté défunt. Il a sù mettre avec un grand succès, en parfaite lumière, le côté principal du long ministère du saint prêtre dont il redisait les vertus éminentes ; cette science prudente et éclairée des âmes qui a produit tant d'heureux fruits. Il était impossible de parler de M. l'abbé Turquin, sans faire aussi l'éloge de la communauté de la Croix ; M. le doyen l'a fait en termes parfaits et avec une incontestable éloquence.

« Un nombreux concours de parents et d'amis, — beaucoup venus de loin, — et tous les habitants que laissaient libres les travaux des champs entouraient le cercueil du prêtre vénéré qu'ont aimé tous ceux qui l'ont connu.

« Les coins du drap mortuaire étaient portés par MM. les chanoines Catillion et Cochet, par M. Gentilliez, de Voyenne, conseiller général et par M. le maire de Chalandry.

« Et maintenant que M. l'abbé Turquin repose, en attendant sa résurrection glorieuse, à l'ombre du clocher de la splendide église de ce pays qui l'a vu naître et qui a donné au diocèse tant de prêtres éminents, (1) sa mémoire sera fidèlement conservée par le peuple choisi et son souvenir vivra éternellement au milieu de la tribu sainte, dont il était un des membres les plus distingués, et dans le cœur de tous ceux qu'ont constamment édifiés sa piété angélique et ses vertus sacerdotales. »

P. S. « Aujourd'hui samedi, à 8 h. 1/2, la communauté de la Croix a fait chanter, dans sa chapelle, un service solennel pour le repos de l'âme de son pieux aumônier. L'assistance était considérable. Beaucoup d'anciennes élèves ont dû, vu l'exiguité de l'endroit réservé aux fidèles, reprendre leur place au milieu des bancs affectés à l'ancien pensionnat. »

La *Semaine Religieuse* ajoutait de son côté en parlant des mêmes obsèques.

« Jeudi 18 mars, ont eu lieu, à Chalandry où il s'était retiré, les funérailles de M. l'abbé Turquin, dont nous avons annoncé la mort dans notre dernier numéro.

« M. le doyen de Crécy-sur-Serre présidait la cérémonie, rendue fort touchante par le remarquable empressement de la population de sa paroisse, et par la présence de 27 ecclésiastiques venus de

---

(1) L'abbé Turquin a sa tombe, ajoutait le Rédacteur de la *Semaine*, à côté de celle d'un de ces neveux — notre condisciple — Léon Brancourt, frère de l'aumônier actuel de la Croix, que nous conduisions, il y a plus de quinze ans à sa dernière demeure et qui a laissé, tant au séminaire de Saint-Léger de Soissons qu'à Saint-Lazare, de Paris, les plus édifiants souvenirs. **Hereditas sancta nepotes eorum.**

diverses parties du diocèse. M. l'abbé Péronne, chanoine titulaire, avait voulu rendre, par sa présence, un dernier hommage, à son vénérable ami, et, avec lui, on remarquait MM. les chanoines Catillion et Cochet qui portaient les coins du drap mortuaire avec MM. Gentilliez, maire de Voyenne, conseiller général, et Turquin, ancien conseiller général, maire de Chalandry. Nommons encore M. le doyen de Berry-au-Bac, originaire de Chalandry, M. le doyen de Vermand, quelques anciens vicaires de Saint-Quentin : MM. Poindron, Viéville, Leroy ; M. le supérieur de Saint-Charles de Chauny ; M. le curé de Saint-Eloi de Saint-Quentin. M. le curé de Lesdins ; M. l'abbé Eck, vicaire de Crécy-sur-Serre, et M. Lanoue, vicaire d'Oulchy-le-Château.

« M. l'abbé Brancourt, aumônier de la Croix et neveu de M. Turquin, conduisait le deuil avec MM. les abbés Brancourt, de Martigny et Grimblot, ses cousins. Presque tous les curés des paroisses voisines : Voyenne, Barenton, Mesbrecourt, Pouilly, Cilly, Sons ; M. le curé de Versigny, M. l'abbé Renard, ancien curé de Pierrepont ; M. l'abbé Meurant, ancien curé de Saint-Pierre-Aigle, étaient présents, témoignant à la famille du vénéré défunt de leur affectueuse sympathie. Beaucoup seraient venus que les obligations de Carême et la coïncidence de la cérémonie avec la veille de la saint Joseph ont retenus. De Saint-Quentin surtout, on aurait vu une partie très notable du clergé de la ville, car nulle part mieux qu'à Saint-Quentin, on ne garde le souvenir des vertus et des mérites du vénérable ancien aumônier de la Croix ; nulle part, sa piété, son esprit de foi, son âme vraiment sacerdotale n'ont été et ne sont encore mieux appréciés.

« Avant l'absoute M. l'abbé Blat, curé doyen de Crécy-sur-Serre, a fait en termes excellents l'éloge du défunt. Après avoir dit, d'accord avec tous ceux qui l'ont connu, que M. l'abbé Turquin était une belle âme et rappelé tout ce que l'idée d'une âme implique de qualités, il en a montré l'heureux développement et les heureuses influences dans la vie et ministère du vénéré défunt. »

On en pourra juger ; car nous allons mettre sous les yeux du lecteur cette belle allocution tout en regrettant de ne pouvoir y joindre l'animation et la sûreté du débit de l'éloquent prédicateur, servi par un organe magnifique.

ALLOCUTION DE M. LE DOYEN DE CRÉCY

Prononcée aux funérailles de M. l'abbé Turquin

C'est à ceux qui furent, pendant de longues années, les témoins édifiés de la vie sacerdotale de M. l'abbé Turquin, qu'il appartenait de lui payer un juste tribut d'éloges. Retenus par les exigences du saint ministère, ils ne peuvent être avec nous qu'en esprit. En leur absence, et sur une respectable invitation, je viens, avec l'espoir de le retrouver dans une vie meilleure, adresser au saint prêtre, que Dieu a rappelé à lui, l'hommage de notre commune vénération.

Tout ceux qui ont eu le bonheur de connaître M. l'abbé Turquin, à quelque époque que ce fût de sa vie, ont été unanimes pour dire que c'était une belle âme.

Une âme, c'est le chef-d'œuvre du créateur, son image. Toutes les magnificences du firmament, toutes les richesses de la terre ont été créées pour les âmes. Le ciel et la terre vieilliront, s'useront, périront comme un vêtement. A cette ruine universelle, l'âme survivra ; elle est le souffle impérissable de la divinité.

Pour reconquérir l'âme humaine, tombée au pouvoir de Satan, la réhabiliter, que n'a pas fait notre Père céleste ? Jetez un regard de foi, d'action de grâces sur une croix, et dites : ô mon âme, le sang d'un Dieu, la mort d'un Dieu ; voilà ta valeur : *Animat anti vales !*

Qu'une âme est donc belle ! Qu'elle est précieuse. Notre Seigneur nous dit que le monde entier ne vaut pas une âme. *Quam commutationem dabit homo pro animâ suâ ?*

Mais quant à sa beauté, à sa valeur première une âme apporte le libre concours de sa volonté, ses ardeurs pour Dieu, ses tendresses pour le prochain, la pureté de ses intentions, l'innocence de ses actes ; qui pourra assez l'apprécier, la louer ? *Quis est hic et laudabimus eum ?*

Telle se révéla toujours l'âme de M. Turquin. Au séminaire, ses condisciples disaient sa piété, son urbanité, ses persévérantes complaisances ; ses maîtres, son respect pour l'autorité, sa soumission, sa régularité ; tous sa droiture, son innocence. On put dire de lui qu'il fut l'une de ces natures d'élite qui semblent n'avoir pas péché en Adam. Jamais un souffle mauvais ne parut avoir terni sa belle âme, *non cogitat malum*. Aussi jamais non plus ne cessa-t-il d'être l'objet d'une universelle et respectueuse sympathie. *Puer ingeniosus eram, et sortitus sum bonam animam.*

Dieu a ses desseins sur chacun de nous. A tous il assigne une mission en ce monde ; à nul il ne refuse pour la remplir l'aptitude, la grâce. Heureux le serviteur qui connaît la volonté de son maître et l'accomplit !

M. Turquin était destiné à la conduite des âmes ; mais des âmes de choix, des âmes privilégiées, des âmes qui font le plus précieux fleuron de la couronne virginale de l'Eglise ; c'est pourquoi Dieu lui créa, lui façonna une âme apte à cette haute et difficile mission. Après avoir, pendant quelques années, édifié la paroisse de Voyenne par sa religion, son zèle, sa bonté, toutes les vertus enfin qui font le pasteur selon le cœur de Dieu, il fut appelé par l'honorable choix de ses supérieurs à la direction spirituelle de la Communauté des Dames religieuses de la Croix à Saint-Quentin.

Ce fut là sa mission : là, que s'écoulèrent sous l'œil de Dieu, inconnues du monde, vingt-cinq années de scrupuleuse assiduité, de personnelle abnégation, de perpétuels sacrifices, d'incessante immolations au service des âmes ; trente années, toute une longue vie de prêtre, dont chaque jour semblable dans son uniformité sanctifiée à celui qui le précéda, a formé un ensemble, une plénitude, sur lesquels l'œil satisfait de Dieu se repose sans doute en ce moment avec complaisance. *Dies pleni invenientur in eis.*

M. F., elles seront toujours la gloire incommunicable de l'Eglise ; le monde toujours sera contraint de vénérer ces femmes bénies de Dieu qui, afin de travailler avec un succès plus assuré à préparer des épouses vertueuses, renoncent pour elles-mêmes aux joies de la famille ; embrassent la pauvreté pour conseiller plus efficacement le légitime usage des biens de la terre ; meurent à leur volonté propre, afin de mieux persuader l'obéissance aux lois divines et humaines.

Qu'il me soit permis de le proclamer, aujourd'hui qu'un monde, séparé de Dieu, jaloux, sensuel, essaie de le méconnaître : Non, il n'y a pas de spectacle plus digne de l'admiration du Ciel et de la terre que celui qu'offrent ces saintes filles, épouses de J.-C. qui lui aussi, avec une ravissante bonté, aimait à s'environner de l'enfance ; lorsque le sourire sur les lèvres, la tendresse au cœur, au milieu d'une gracieuse jeunesse qui les entoure de son amour empressé ; avec cet accent qui va si bien au cœur, cette puissance d'insinuation dont seules elles possèdent le secret ; au nom du grand maître dont l'œil scrutateur pénètre toutes les ténèbres ; à l'une d'elles persuadent la modestie ; à l'autre la docilité ; à celle-ci la douceur ; à celle-là le travail : à toutes elles donnent ces formes douces, polies, évangéliquement charitables, qui rendent la vertu si attrayante, si aimables les relations. Oui, elles sont vraiment héroïques, lorsque toute leur existence s'écoule dans ce désintéressé labeur, qu'elles ne se reposent de leur pénible mission que pour puiser dans l'exercice de la prière, de la contemplation, de la pénitence, la grâce de l'accomplir avec une nouvelle ardeur. *O quam pulchra est casta generatio cum claritate !*

Il en est peu M. F., qui comprennent les délices de la vie religieuse. C'est le secret du grand roi : c'est le centuple en ce monde, promis par J.-C. à des sacrifices dont il n'est pas donné à tous d'avoir l'intelligence.

Mais aussi ce n'est que dans le Ciel que le bonheur sans mélange se trouve. Dieu éprouve toujours les âmes qui lui sont les plus chères : il les associe au travail de l'expiation ; il veut qu'elles continuent l'œuvre de la Rédemption, qu'elles participent au mystère de la *Croix*.

Or, pour encourager ces âmes d'élite dans les voies de la perfection qu'elles ont vouée ; les soutenir dans les perplexités, les luttes dont Dieu seul est témoin ; les prémunir contre de fatales tristesses ; entretenir l'espérance dans des cœurs souvent désolés ; sanctifier les amertumes d'une vocation où les épines croissent multipliées à côté des roses ; il faut des lumières d'un ordre supérieur ; il faut avoir le discernement des esprits : *Discretio spirituum* : que dirai-je ? Il faut la science des saints : *Scientia sanctorum* : science que n'ont pas toujours même les maîtres en Israël : science qui ne s'acquiert ni par le travail de l'intelligence, ni par les efforts de l'imagination : science qui ne vient que de Dieu ; que Dieu ne communique qu'aux âmes humbles, droites, pures, mortes à elles-mêmes : *Cum simplicibus sermocinatio ejus.*

Cette science surnaturelle, peu commune, M. Turquin en fut abondamment pourvu ; et c'est avec une profonde vénération qu'appréciant un ministère très dignement rempli par lui, je m'incline devant sa tombe. Si la précieuse communauté dont il fut, pendant trente années, le directeur toujours assisté de Dieu, apprécié, possède dans un degré éminent l'esprit religieux ; si par sa ferveur restée primitive elle est l'une des gloires de notre diocèse ; si la confiance universelle, soutenue, rend hommage à son incomparable aptitude dans l'éducation et l'instruction de la jeunesse, c'est à la sage, c'est à la prudente direction de M. Turquin qu'elle en est redevable : *Scientia sanctorum Prudentia.*

Lui-même d'ailleurs concourait par les influences bénies de son ministère à l'œuvre des vénérables maîtresses. Dans les jeunes cœurs qui lui confiaient les plus intimes secrets, il développait les germes d'une instinctive piété ; à toutes il apprenait la crainte de Dieu, et, pour base fondamentale d'une vertu solide, il déposait dans leur esprit les grands enseignements de la foi.

Ah ! que de mères de famille lui doivent la constance, la consolation au milieu d'ineffables amertumes ! Que d'époux bénissent le prêtre modeste, pieux, éclairé, qui leur forma une épouse, le bonheur de leur vie ! Que d'enfants lui sont redevables d'une mère accomplie, dressée par lui à la vertu, à la bonne direction de leur vie !

Nulle, parmi celles qui sortent de la maison bénie de la Croix, qui n'emporte un doux souvenir, précieux parfum qui embaume le reste de son existence ; et nulle qui n'associe dans son respect, son action de grâce, le nom, prononcé toujours avec une affectueuse vénération, de M. Turquin. Que de fois il m'a été donné de l'entendre bénir dans les familles les plus honorables de la contrée !

Ne craignons pas d'appliquer à ce prêtre fidèle les paroles de la sainte Ecriture : il a fait tout ce que Dieu lui inspira, lui dicta : *Iste homo fecit omnia quæ locutus est ei Deus*. Et quand l'heure de la retraite sonna ; lorsque les infirmités l'avertirent que sa mission en ce monde était terminée ; à toutes les vertus pratiquées pendant une longue et laborieuse existence il joignit la soumission, la conformité à la volonté de Dieu.

Et ici encore son âme ne se démentit pas ; elle se montra constamment bonne : bonne envers ceux qui l'environnaient de soins tendrement dévoués ; bonne, même pour la mort qui, toujours prochaine, ne semblait suspendre le coup fatal que pour lui ménager de nouvelles purifications, combler ses mérites...

Prêtre vénérable, Dieu, fidèle à son tour, vous invite à entrer dans son repos : *Dixit ad eum : Ingredere in requiem meam*. Votre douce mémoire restera chère à vos confrères que vous avez toujours respectés, aimés. Une longue génération d'épouses, de mères, de filles chrétiennes s'encouragera à votre pieux souvenir. Le prêtre distingué objet, de tant d'amour, à qui vous léguâtes, comme autrefois Elie à son disciple fidèle, votre mission, s'inspirera de vos vertus pour opérer les mêmes merveilles, une page sera écrite à votre louange dans les édifiantes *Annales de la sainte Congrégation* où votre vie s'était pour ainsi dire incarnée. Pour votre honorable famille, pour cette religieuse paroisse, qui ne cessa jamais d'être pour vous la patrie bien-aimée, votre nom restera aussi une gloire, une gloire humble, modeste ; mais une gloire selon Dieu, une gloire incontestée. Béni soit le Seigneur, qui a exaucé l'un de vos plus chers désirs : il vous est donné de reposer en paix, à côté de vos respectables ancêtres ! *Ingredere in requiem meam.*

Pour nous, M. F., apprenons de cette vie édifiante, de cette mort précieuse, à remplir notre mission en ce monde. Dieu aussi sera fidèle : fidèle à nous récompenser même ici-bas, par les ineffables allégresses d'une conscience en règle : fidèle à nous associer à son éternel repos. *Ingredere in requiem meam amen.*

———

Ce que nous venons de dire sur ce cher et regretté défunt suffirait sans doute pour faire apprécier la perte douloureuse que nous avons faite, perte, au reste, dont nous trouvons l'ample justification dans les témoignages de regrets et de confiance que des confrères et des personnes du monde qui l'ont connu se sont empressés d'adresser à sa famille désolée. Nous ne voulons rien changer ni ajouter à cette pieuse et sentimentale effusion des cœurs qui sont le plus bel éloge de celui que nous pleurons. Cette correspondance, pour ainsi dire d'outre-tombe, est un précieux écrin pour la mémoire du juste à qui elle donne une valeur inappréciable.

Mais ce qui fait le prix de ces appréciations particulières, communiquées spontanément à la famille, c'est qu'elles sont l'expression de sentiments que chacun de nous a partagés : *Laus ejus in ecclesia sanctorum.* Ps. 149, v. 1.

Extrait de quelques lettres de condoléance adressées à la famille de l'abbé Turquin :

Première Lettre.

« J'ai été à même de l'apprécier pendant les vingt-cinq années que j'ai travaillé à la même œuvre, et j'ai toujours admiré en lui les qualités qui font le prêtre selon le cœur de Dieu : un grand esprit de foi, une tendre piété, une fidélité constante à tous ses devoirs et un entier dévouement aux âmes dont il avait la charge. Ses grandes et belles vertus ont reçu une sorte de consécration par la patience, la résignation et le parfait abandon avec lesquels il a supporté les longues et pénibles épreuves des dernières années de sa vie ; aussi je me plais à penser que le Seigneur l'a déjà reçu dans le sein de son infinie bonté et en présence de cette sainte mort, couronnant une sainte vie, je m'écrie avec le prophète : *Moriatur anima mea morte justorum.* »

Deuxième Lettre.

« Sa vie avait été empreinte de la plus grande confiance fondée sur un esprit de foi qui ne s'est jamais démenti. C'était l'homme de Dieu, le prêtre dans toute la force du terme. Toujours uni à

Dieu, il n'a craint que d'offenser Dieu. Admirable crainte qui était la vraie sagesse et en même temps le véritable amour de son âme, qui s'échappait par les naïves expansions d'un cœur toujours aimant et toujours confiant ! »

Troisième Lettre.

« Quelle consolation, votre famille et vous, vous puisez dans l'espoir, je pourrais dire dans la certitude que ce prêtre aimé de Dieu et des hommes : *Dilectus Deo et hominibus,* purifié comme il l'a été dans cette longue et douloureuse maladie est en possession de la félicité tant méritée par ses labeurs et ses vertus. Moi, qui l'ai tant connu et tant aimé, je ne forme qu'un vœu ; c'est de mourir de sa sainte mort !

« Son éloge sera dans toutes les bouches et son estime dans tous les cœurs. C'est le plus beau type du devoir, du dévouement, du courage sacerdotal, de la foi la plus vive, de la piété la plus pure, nous n'en perdrons pas le souvenir. »

Quatrième Lettre.

« Vous savez ma profonde estime et mon intime affection pour le bien-aimé défunt, affection qui remonte a 1825. Votre oncle est un de ces saints prêtres qu'on ne peut pas oublier. Avec sa mémoire bénie, il vous laisse la douce confiance que Notre Seigneur, qu'il a si bien servi l'a reçu dans la société bienheureuse de ses bons et fidèles serviteurs. Je partage votre confiance. »

Cinquième Lettre.

« Je ne puis vous dire l'impression de confiance que j'éprouve de la protection du si bon et si pieux M. Turquin. Il ne peut cesser de veiller sur sa famille ni sur ses enfants spirituels. En même temps que je prie pour lui, je me recommande à lui. »

Sixième Lettre.

« Il vivra dans le souvenir de ceux qui l'ont connu. On peut lui appliquer ces paroles de l'Ecriture : *Cujus intuentes exitum conversationis imitamini fidem,* se rappellant les belles vertus dont il leur a donné l'exemple.

Septième Lettre.

« Après vous et les vôtres, personne ne souffre plus que moi de cette mort... J'avais voué au saint prêtre que nous pleurons une filiale affection, et certes, c'était bien justice... Nous avons au moins une consolation, c'est la certitude qu'il jouira bientôt de la couronne que lui ont méritée ses vertus sacerdotales. Quant à moi je sens que dès à présent j'ai au Ciel un protecteur de plus et que celui qui m'a tant fait de bien sur la terre ne peut que m'obtenir encore bien plus de faveurs maintenant qu'il est sûr de l'éternelle félicité. »

Ces témoignages, sympathiques et vrais, que nous pourrions multiplier, rendus à la mémoire du digne abbé Turquin, ces espérances si douces pour sa famille exprimées par tant de personnes autorisées et qui ne sont que l'écho d'un plus grand nombre, avaient des droits à être consignés ici pour rester comme un souvenir pieux et consolant pour tous ceux qui le pleurent et dont on peut dire : *Memoria justi cum laudibus.* (Prov. 10. v. 7.)

Qu'il nous soit permis, en terminant cette triste nécrologie, de faire connaitre à nos lecteurs une pièce de vers composée à l'occasion de la mort de ce cher abbé Turquin, dont les vertus modestes et bénies ont eu le talent d'intéresser l'histoire, l'éloquence et la poësie. Cette espèce d'épithalame mortuaire ou plutôt de chant de triomphe du prêtre et de la vierge célèbre, dans des vers harmonieux, deux existences précieuses pour l'humanité et qui font, quoiqu'on en dise, l'admiration du monde. C'est que la vertu est le premier des biens, que sa mémoire est immortelle, et qu'elle est counuede Dieu et des hommes. Laissons la parole à l'inspiration d'un poëte dont nous regrettons d'ignorer le nom. Mais ses beaux vers n'en seront pas moins goûtés.

PRÊTRE ET VIERGE

O Croix ! saint étendard de l'immense victoire
Scellée au Golgotha du sang d'un Dieu sauveur,
Sur ton bois empourpré, resplendissant de gloire,
Jésus va nous léguer deux bienfaits de son cœur.
Prêtre et Vierge sont là, types par excellence :
L'Apôtre bien-aimé ; la Mère, Vierge encor ;
Après eux, pleins de foi, d'amour et d'espérance,
   Combien d'autres prendront l'essor !

.

Quel est-il ce mortel ?.. A sa voix, ô merveille !
Le pécheur repentant devient le juste en paix ;
Un Dieu s'anéantit, se fait victime et veille ;
L'Evangile est connu, on redit ses bienfaits.
Ne vous étonnez pas ; cet homme, c'est le Prêtre ;
Pour nous il sait vider le calice de fiel ;
Prodigue de ses jours, il vit, il meurt peut-être
  Oui, pour nous assurer le ciel.

.

Ainsi nous apparut le Prêtre vénérable
Dont le trépas, hélas ! met tous nos cœurs en deuil.
Qui mieux que lui fut bon, généreux, charitable ?
Les larmes des petits ont orné son cercueil ;
Les grands lui garderont souvenir et prière.
Dés longtemps le Seigneur, de ses nobles vertus,
Fit libéralement sa famille héritière ;
  Elle est à nous : ne pleurons plus !

.

« *Ne pleurez plus, dit-il, non, non, sœurs bien-aimées*
« *Dont les soins assidus ont bercé mes douleurs ;*
« *Au terme de l'exil, que vos heures charmées*
« *S'écoulent dans l'espoir des divines splendeurs.*
« *Vous à qui mon amour ouvrit le sanctuaire ;*
« *Vous à qui j'ai laissé mon cœur, mon dévoûment,*
« *Consolez-vous : mon âme, au ciel mieux que sur terre,*
  « *Vous protège en vous bénissant.*

.

« *Séchez aussi vos pleurs, ô ma douce Marie,*
« *Miraculée un jour de la Reine des Cieux ;*
« *Vous avez entrevu la céleste Patrie,*
« *Moi j'y suis à toujours ; que mon sort est heureux !*
« *Moissonneur fatigué, déposant ma faucille,*
« *Aux épouses du Christ, je n'adressai qu'un vœu :*
« *Vous, avec vos enfants, ma seconde famille,*
  « *Soyez toujours toutes à Dieu !* »

.

Ce fut l'ambition de la Vierge fidèle
Dont les jours pleins aussi, touchaient à leur déclin ;
Sans cesse elle a rêvé sa couronne immortelle
Et du beau paradis, les délices sans fin.
Son Dieu, les indigents, ont partagé sa vie ;
Les pauvres pouvaient seuls l'enchainer ici-bas ;
Comme une fleur sans eau, languissante et flétrie,
  Loin d'eux, elle ne vivait pas !

Au céleste jardin, volez, blanche colombe ;
Epouse de Jésus, joignez-vous à sa cour.
Comme un bandeau royal, sur votre front retombe
Le voile protecteur de votre chaste amour.
Cortège virginal, ouvrez le saint portique,
Suivez partout l'agneau ; de l'éternel hymen,
La Vierge de la Croix chante aussi le cantique.
      Epithalame sans Amen.

O Prêtre vénéré ! ô notre digne Mère !
Dans nos cœurs est gravé votre doux souvenir.
A vous, tous nos regrets ; pour vous, notre prière ;
Laissez-nous vos vertus et daignez nous bénir !
Non loin de l'épi mûr, recueilli par les Anges,
Fleurissait un beau lis, à l'ombre de l'autel ;
Les Vierges du Seigneur l'ont pris pour leurs phalanges,
      Et Prêtre et Vierge sont au Ciel !

Conclusion

On nous saura gré, nous l'espérons, d'avoir recueilli dans une modeste brochure quelques-uns des souvenirs, épars et peu connus, d'une vie dont nous ne saurions trop admirer les résultats pratiques qui furent la gloire de Dieu, le bien des âmes et sa propre sanctification. Trop heureux d'avoir pu mettre sous les yeux d'une famille affligée, de ses frères dans le sacerdoce, et de la pieuse communauté qu'il a dirigée si longtemps dans les voies du salut, comme un sujet de consolation, les exemples de vertus et de dévouement qu'il nous a laissés à tous. Puissions-nous trouver enfin, dans ces témoignages de vénération et d'affectueuse reconnaissance rendus à la mémoire de celui qui fut notre ami et qui l'est encore malgré son trépas, un puissant encouragement à marcher sur ses traces : lui qui, dans son repos silencieux de la tombe semble nous dire : Regardez et faites ce que vous m'avez vu faire pendant ma vie : *Inspice et fac secundum exemplum quod monstratum est in monte.* (Exod. 25. v. 40).

Chauny. — Imprimerie EDMOND HUET.

www.ingramcontent.com/pod-product-compliance
Lightning Source LLC
Chambersburg PA
CBHW060558050426
42451CB00011B/1975